Anna Strasser

Aus der Reihe: e-fellows.net stipendiaten-wissen

e-fellows.net (Hrsg.)

Band 494

Die Kunst der Renaissance - Aufbruch in die Neuzeit am Beispiel Andrea Palladio

GRIN Verlag

Bibliografische Information der Deutschen Nationalbibliothek:

Die Deutsche Bibliothek verzeichnet diese Publikation in der Deutschen National-
bibliografie; detaillierte bibliografische Daten sind im Internet über http://dnb.d-
nb.de/ abrufbar.

Impressum:

Copyright © 2010 GRIN Verlag, Open Publishing GmbH
Druck und Bindung: Books on Demand GmbH, Norderstedt Germany
ISBN: 978-3-656-25561-1

Die Kunst der Renaissance

Aufbruch in die Neuzeit am Beispiel Andrea Palladio

Leitfrage:

War die Renaissance nur eine Epoche der Wiedergeburt der antiken Kunst oder hinterließ sie ihre eigenständigen Spuren in der Kunstgeschichte?

1. Erläuterung der Epoche

a. Begriff ‚Renaissance'

Als Renaissance bezeichnet man eine Epoche beginnend im 14. Jahrhundert, die sich bis zum späten 16. Jahrhundert ausstreckt. Sie bezeichnet den Übergang von Mittelalter zu Neuzeit. In der Kunstgeschichte unterscheidet man zwischen drei Abschnitten der Renaissance: Der Frührenaissance, der Hochrenaissance und der Spätrenaissance, beziehungsweise des Manierismus. Diese fast 200 Jahre währende Epoche war eine Zeit des tief greifenden kulturellen Wandels.

Der Begriff ‚Renaissance' stammt aus dem französischen und bedeutet im Deutschen ‚Wiedergeburt'. Erstmals wurde diese Epoche 1550 von dem italienischen Künstlerbiographen Giorgio Vasari in seinem Buch ‚Vite' als Wiedergeburt bezeichnet. Jedoch verwendete Giorgio Vasari noch den italienischen Begriff ‚rinascità' und bezeichnete damit die Loslösung von der mittelalterlichen Kunst, sowie eine sich damals entwickelnde Geisteshaltung. Das Mittelalter an sich betrachtete er als eine kurze Phase des Verfalls, obgleich einige Tendenzen jener Zeit auch in die Kunst der Renaissance übertragen wurden. [1]

Laut Vasari entstand die Renaissance aus dem wachsendem Verlangen des Menschen zu lernen und zu verstehen. Die französische Übersetzung ‚Renaissance' wurde in Deutschland erst im 19.Jahrhundert durch den Kunsthistoriker Jacob Burckhardt als Bezeichnung der Epoche und als Stilbegriff verwendet. [2]

---

[1] http://www.wissen-digital.de/Renaissance_(Bildende_Kunst)
http://www.arthistoricum.net/tutorials/reader/renaissance/lektion-1/2-giorgio-vasari/seite-2
[2] http://www.ibiblio.org/wm/paint/glo/renaissance/

Ihrem Namen entsprechend war diese Epoche maßgebend für die Auferstehung antiker römischer und griechischer Elemente, die daraufhin das Weltbild jener Zeit dominierten. Jedoch setzte die Menschheit sich nicht nur das Ziel die Antike wieder auferstehen zu lassen, sondern sie zu überflügeln.

Die humanistische Bewegung gewann erneut an Bedeutung. Künstlerische, soziale, wissenschaftliche und politische Weltansichten wandelten sich. Die Renaissance war die Zeit der Entdecker und Gelehrten, aber auch der Künstler.

b. Entwicklung der Gesellschaft

Ein wichtiges Merkmal der Renaissance ist die sich gegenüber vorherigen Epochen ändernde Lebensauffassung der Gesellschaft. Es fand eine Loslösung vom kirchlichen und feudalen System statt. Es entwickelte sich eine Kultur, die vom einfachen Mann, vom Bürger, geprägt wurde. Der Mensch erlangte persönliche Freiheit. Eine neue, gebildete Mittelklasse entstand, bestehend aus Händlern, Kaufmännern und Bankiers. Rechnen, Lesen und Schreiben gehörten zu den Grundlagen des Händlerdaseins und waren somit unerlässlich.[1]

Mit diesen zusätzlichen Kenntnissen stieg auch der Drang nach Wissen. Menschen forschten nach den Ursprüngen der Dinge. Die Natur wurde nicht mehr als selbstverständlich und von Gott gelenkt betrachtet, sondern genauer erfragt. Sie galt als Idealzustand der Freiheit.

Religion und Forschung wurden voneinander getrennt. So gilt die Renaissance auch als das Zeitalter der Wissenschaft und der Erfindungen, von denen insbesondere der Buchdruck unabkömmlich ist. [2]

c. Bedeutung von Kunst für den Menschen

In der Kunst galt es besonders die Beschaffenheit der Natur nachzuahmen und einen starken Bezug zur Realität zu nehmen. Dabei wurden sowohl die Ansichten der Antike weiter ausgebaut, als auch neue Gedanken näher erkundet. Das traditionelle Weltbild wurde in Frage gestellt.

Die vom Jenseits geprägte Lebensauffassung des Mittelalters, entstanden durch die Nachwirkungen des dreißigjährigen Krieges und der Pest, wurde durch eine starke

---

[1] http://www.learner.org/interactives/renaissance/middleages_sub.html
[2] Von Brauchitsch, Boris (1999): Renaissance Schnellkurs, DuMont Buchverlag, S. 15

Verbindung der Gesellschaft an das Diesseits ersetzt. Jedoch zeigte sich trotz allem eine geistig-existentielle Krise in der Gesellschaft. Insbesondere die Pest hatte bewiesen, wie zerbrechlich das menschliche Wesen war. Doch die Auffassung der Menschen gegenüber dem Tod änderte sich. Anstatt sich nach dem Leben nach dem Tod zu sehnen, versuchte man eine starke Verbindung zu dem Hier und Jetzt zu knüpfen. [1]

Zwei Möglichkeiten boten sich den Menschen der damaligen Zeit: Sie konnten das Leben und dessen ganze Schönheit in vollen Zügen genießen, die ‚Vita activa'. oder sich auf Gott und moralische Werte, die über den Tod hinaus gingen, besinnen, die ‚Vita contemplativa'.[2]

Beide Möglichkeiten jedoch erweckten einen Wunsch nach etwas Greifbaren. Die Kunst war eine Form der Ästhetik, die andauerte. Die Schönheit der Existenz und des Lebens konnte auf eine Leinwand oder in eine Skulptur gebannt werden, um stets in der Erinnerung bewahrt zu werden.

Allerdings erfüllten die Kunstwerke der damaligen Zeit noch einen weiteren Zweck. Oftmals dienten sie neben ihrer ästhetischen Bestimmung auch als Statussymbole. Herrscher, Geistliche, Adlige oder wohlhabende Personen sahen es bereits als eine Art Verpflichtung die Kunst zu unterstützen. Ihr wurde politische Bedeutung zugemessen. Sie wurde mit Macht und Status in Verbindung gesetzt. [3]

d. <u>Die Renaissance in Florenz</u>

Die Epoche der Renaissance vollbrachte einen weitgreifenden Umschwung in ganz Europa. Standpunkte und Lebensweisen wurden durch humanistische Gedanken und Ideen verformt.

Der Ursprung der Renaissance wird meist dem Land Italien zugeordnet, von dem aus sich die epochale Entwicklung durch ganz Europa weiterzog. Insbesondere Florenz soll bei der anfänglichen Entstehung der neuen Ansichten eine große Rolle gespielt haben.

Um 1400 war die Familie der Medicis, bestehend aus Geschäftsleuten, für die Leitung der Stadt Florenz verantwortlich. Sie unterstützten die kulturelle Ausbildung der Bürger und waren große Liebhaber der Kunst und der Architektur, insbesondere Cosimo de Medici.

Unter der Leitung der Medicis war es Florenz möglich Wohlstand und Pracht zu erlangen. Die Wirtschaft florierte, wodurch auch Künstler und Handwerker unterstützt werden

---

[1] http://www.planet-wissen.de/politik_geschichte/renaissance/renaissance/wissensfrage_renaissance.jsp
[2] Von Brauchitsch, Boris (1999): Renaissance Schnellkurs, DuMont Buchverlag, S. 23
[3] http://www.planet-wissen.de/politik_geschichte/renaissance/renaissance/index.jsp

konnten. Der Handel mit vielen bedeutenden Kulturen, sowie die fehlende Bedrohung durch eine außeritalienische, militärische Macht erlaubten Florenz zu einer Vorzeigestadt der Renaissance zu werden. [1]

Als anfängliche Träger der Renaissance werden die Dichter Dante Alighieri, Giovanni Boccaccio und Francesco Petrarca genannt, die auch als die ‚drei Kronen von Florenz' bezeichnet werden. Mit ihren Werken wurde der Geist der Renaissance hervorgehoben und die Rückkehr zur Antike bewirkt. [2]

Später folgten viele Künstler ihrem Beispiel. Florenz, nun maßgebend für die europäische Kunst und Kultur, wurde ein Sammelpunkt für eine große Anzahl an Künstlern. So siedelten sich beispielsweise auch Donatello, Botticelli und später auch Michelangelo und Leonardo da Vinci in Florenz an.

2. Die Kunst in der Renaissance

a. Künstler in der Renaissance

Die Renaissance ist nicht nur bekannt für den bedeutenden Wandel des Menschenbildes und dem wachsenden Wunsch nach Wissen, sondern auch für die ansteigende Bedeutung der Kunst. Künstler werden hoch angesehen und stark gefördert.

Die Renaissance brachte viele Künstler von Bedeutung hervor, deren Namen uns auch noch heute bekannt sind. Unter ihnen waren Männer, die für ihre vielseitigen Talente bekannt waren. So brachte die Renaissance auch die ersten ‚uomo universale', die Universalmenschen, hervor. Diese stachen durch ihr gebildetes Wesen und ihrer Fülle an Fähigkeiten hervor. Zu diesen Universalmenschen werden beispielsweise auch Leonardo da Vinci, Michelangelo Buonarotti oder Leon Battista Alberti gezählt, die auch zur heutzutage geachtet und bewundert werden.

Andererseits gab es auch Männer, die sich auf eine Kunstrichtung fixiert und sich auf diese Weise einen Ruf gemacht haben. Vielen dieser Künstler gelang die Erschaffung von Werken, die zu den markantesten Überresten der Renaissance gehören und auch heute noch verehrt werden.[3]

[1] http://www.learner.org/interactives/renaissance/florence.html
[2] http://www.arthistoricum.net/tutorials/reader/renaissance/lektion-2/3-die-tre-corone-di-firenze
[3] Kammerlohr, Otto (1997): Epochen der Kunst, Von der Frührenaissance zum Rokoko, Oldenbourg, S.10

b. Bildhauerei

Bildhauerei in der Epoche der Renaissance spezialisierte sich hauptsächlich auf die Darstellung von Standfiguren und Büsten. Dabei wurde eine möglichst realitätsgetreue Darstellung des Menschen angestrebt. Das Studium des menschlichen Körpers wurde sowohl durch die Beobachtung lebender Modelle, als auch das Sezieren von Leichen betrieben.

Plastiken wurden einerseits als fester Bestandteil eines Gebäudes, beispielsweise einer Kirche, entworfen. Jedoch entstanden auch zunehmend Freiplastiken, die auf öffentlichen Plätzen von allen Seiten betrachtet werden konnten und somit allseitig durch modelliert werden mussten. Plastiken wurden in ihrer Ganzheit entworfen und erstellt, sodass sie, ähnlich antiker Plastiken, als frei stehendes Objekt dienen konnten. Dabei wurden bevorzugt Statuen im klassischen Kontrapost dargestellt.

Auch orientiert sich die realitätsgetreue Darstellung von Skulpturen, oftmals auch in ihrer Nacktheit modelliert, stark an der Bildhauerei der Antike. War die Erstellung von Plastiken zuvor noch stark an die Architektur gebunden, so entwickelte sie sich in der Renaissance zu einem eigenständigen Kunstbereich.

Neben der Modellierung von Standfiguren und Büsten tritt zunehmend auch die Gestaltung prächtiger Wandgrabmäler in den Aufgabenbereich der Bildhauerei.[1]

c. Malerei

Die wohl wichtigste Entwicklung der Malerei in der Renaissance war die Erfindung der Zentralperspektive. Diese Entdeckung bezieht sich auf die Darstellungsmöglichkeit von Raum auf eine zweidimensionale Fläche. Während diese Art des dreidimensionalen Zeichnens während des Mittelalters fast gänzlich verdrängt wurde, lebte sie in der Zeit der Renaissance wieder auf. Zwar gab es oft bereits versuchsweise Darstellungen von Raum nördlich der Alpen, jedoch unterlagen diese noch nicht den zentralperspektivischen Gesetzen und waren auf mathematischer Basis oft fehlerhaft. Das in der Renaissance steigende Interesse an Wissenschaft unterstützte die Verbreitung der Zentralperspektive.

In der Malerei überwog noch immer die christliche Ikonographie, auch wenn die Darstellung alltäglicher Bildgegenstände zunahm. Auch die heidnische Mythenwelt der griechischen und römischen Antike gewann an Wert und wurde zu einem zentralen

---

[1] http://www.artefax.de/kunsterziehung/renaissance.html

Darstellungspunkt.[1] Jedoch war auffällig, dass in der Malerei die Grenzen zwischen der damaligen Zeit und der Antike verschwammen. Dargestellte Personen trugen nicht selten typisch florentinische Kleidung oder verkörperten eine ähnliche Eigenschaft der damaligen Zeit. Neben den Bibelmotiven ließen sich in den Gemälden plötzlich weltliche Personen erkennen. Die Porträtmalerei wird populär. Dabei wurde jedoch großer Wert auf Realismus gelegt.[2]

Neben der Porträtmalerei gewannen auch die Landschaftsmalerei und die Aktmalerei erneut an Bedeutung. In den Niederlanden fand ein Übergang zur Ölmalerei statt, die ab diesem Zeitpunkt zu einer weit verbreiteten Malmethode wurde.[3]

Die Renaissance brachte viele bedeutende Künstler und Werke hervor. Als drei der bedeutendsten Künstler gelten Leonardo da Vinci, Michelangelo und Raffael, die auch als die heimlichen Meister der Renaissance bezeichnet werden.

d. Architektur

Die Architekten der Frührenaissance waren stark darum bemüht sich an der Form der antiken Baukunst zu orientieren. In Florenz beispielsweise war die Verbindung der Baukunst mit der Antike nie gänzlich abgerissen. Die toskanische Architektur des 11. und 12. Jahrhundert orientiere sich stark an der Architektur der Antike. Erst in der Renaissance jedoch nahm man sich diese bewusst zum Vorbild.[4]

Der Architekturstil der Renaissance legte besonderen Wert auf Symmetrie und ausgewogene Proportionen. Säulen, Pfeiler und Torbögen wurden oftmals als Anlehnung an die Antike zur Verzierung der Fassaden verwendet.

Der Grundriss eines für die Renaissance typischen Gebäudes wurde aus den geometrischen Formen Quadrat und Kreis entwickelt, in Anlehnung an die Proportionen des menschlichen Körpers. Diese Möglichkeit der Architektur wird als Zentralbau bezeichnet. Er verkörpert in sich den Gleichklang sämtlicher Teile eines Gebäudes und symbolisiert somit Harmonie. Sakralbauten, die unter dem Einfluss des Zentralbaus errichtet wurden, waren fast immer Maria geweiht, die als Mutterfigur die Einheit der Gemeinde versprach.[5]

---

[1] Kammerlohr, Otto (1997): Epochen der Kunst, Von der Frührenaissance zum Rokoko, Oldenbourg, S.10
[2] http://www.planet-wissen.de/politik_geschichte/renaissance/renaissance/renaissance_meisterwerke.jsp
[3] http://www.wissen-digital.de/Renaissance_(Bildende_Kunst)#Malerei
[4] Kammerlohr, Otto (1997): Epochen der Kunst, Von der Frührenaissance zum Rokoko, Oldenbourg, S.12
[5] Von Brauchitsch, Boris (1999): Renaissance Schnellkurs, DuMont Buchverlag, S. 132/133

Insbesondere im Kirchenbau waren die antiken Einflüsse besonders erkennbar. So gab es Kirchen, die sich äußerlich mit Tempeln vergleichen ließen. Vor allem in Venedig wurden ebenfalls prachtvolle Stadtvillen und Landhäuser gebaut. [1]

Santa Maria del Fiore

Die erste architektonische Hochleistung der Renaissance war der Bau der Kuppel des Florentiner Doms Santa Maria del Fiore.

Der Bau des Doms Santa Maria del Fiore wurde 1296 begonnen. Insgesamt dauerte die Fertigstellung 140 Jahre, bis zum Jahr 1436. Der Florentiner Dom besteht aus einer Kombination aus Langhaus und Zentralbau.

Er galt als einer der kostspieligsten Bauwerke der Welt und war bei seiner Fertigstellung der größte Kirchenbau Europas. Auch heute noch ist der Florentiner Dom mit einer Länge von 153 Metern und einer Breite von 38 Metern die viertgrößte Kirche des Christentums. [2]

Fillipo Brunelleschi gelang es von 1418 bis 1436 eine Domkuppel zu bauen, die als technische Meisterleistung der Renaissance gilt und deren Statik damals nur schwer erklärt werden konnte. Brunelleschi errichte die Kuppel mithilfe einer Zweischalenkonstruktion, bei der sich die innere und die äußere Kuppelschale gegenseitig stützen.

Die Kuppel des Domes wurde zu einem großen Vorbild für später folgende Kuppelbauten.

Palazzo Medici Riccardi

Eine der wichtigsten Bauaufgaben der damaligen Zeit war die Errichtung des Stadtpalastes der Medici in Florenz von 1444 bis 1460. Der Architekt Michelozzo errichtete im Auftrag von Cosimo Medici mit dem Palazzo Medici Riccardi den ersten Profanbau der Frührenaissance. Er diente über ein Jahrhundert lang als Familienresidenz. Obwohl der Palazzo deutlich antike Züge aufweist, besitzt er trotz allem florentinische Kennzeichen.

Petersdom

Die ehrgeizigste Bauleistung der Hochrenaissance war die Errichtung des Petersdoms in Rom 1506 im Auftrag von Papst Julius II. Dabei wurde von dem Architekten Donato Bramante ein Zentralbau in Kombination mit einem griechischen Kreuz angestrebt. Nach seinem Tod ging das Projekt durch die Hände von Raffael und Michelangelo, bis es schließlich 1626 als mehrschiffige Basilika vollbeendet wurde. [3]

---

[1] (2005): Duden, Basiswissen Schule: Kunst, DUDEN PAETEC Schulbuchverlag, S.74
[2] http://www.sights-and-culture.com/Italy/Florenz-Santa-Maria-del-Fiore.html
[3] (2005): Duden, Basiswissen Schule: Kunst, DUDEN PAETEC Schulbuchverlag, S.74

3. Vertreter der Renaissance

a. Vitruv

Marcus Vitruvius Pollio, der jedoch nur unter dem Namen Vitruv bekannt ist, war ein römischer Architekt, Militärtechniker und Schriftsteller des letzten vorchristlichen Jahrhunderts. Sein Geburtsdatum wird auf den Zeitraum um 80v.Chr. geschätzt.

Obgleich er kein direkter Vertreter der Architektur der Renaissance ist, war es doch Vitruv, der mit seinen 10 Büchern ,De Architectura libri decem' die Grundlagen der antiken Baukunst weitergegeben hat, an der sich die meisten Architekten orientierten.

In der Epoche der Renaissance fand seine Schrift großen Anklang und wurde als die Basis für das Handeln eines jeden Architekten gewertet. Sie erlangte in dieser Zeit eine größere Beachtung, als es in der Antike je erfahren hat. [1]

In seiner Schrift gibt er einen klaren Überblick über Stadtplanung, Tempelbau, öffentliche Bauten, Privathäuser, etc. und verschaffte somit Aufklärung über die Bauweisen der Antike. Zudem forderte Vitruv eine Übertragung der menschlichen Proportionen auf die Architektur.

Auch hob er die Bedeutung der Säulenordnung hervor, die mit dem menschlichen Körper verglichen werden kann. Basis, Säulenschaft und Kapitell waren somit mit Fuß, Leib und Kopf des Menschen gleich zu setzen. [2]

b. Andrea Palladio

> *„Je mehr man Palladio studiert, um so unbegreiflicher wird einem das Genie, die Meisterschaft, der Reichtum, die Versabilität und Grazie dieses Mannes.* "[3]

Johann Wolfgang von Goethe (1749-1832), deutscher Dichter

Ein Mann, der insbesondere für seine Werke bekannt ist, ist der Architekt Andrea Palladio, der oftmals auch als der bedeutendsten Architekt der Spätrenaissance gewertet wird und auch heute noch eine fortdauernde Nachwirkung auf die heutige Architektur hat. Palladio war dabei der erste Berufsarchitekt. Er beschränkte sich in seinem Handeln gänzlich auf die Baukunst.

---

[1] Nerdinger, Winfried (2006): Perspektiven der Kunst, Oldenbourg, S. 516
[2] Nerdinger, Winfried (2006): Perspektiven der Kunst, Oldenbourg, S. 81
[3] Wundfram, Manfred (1999), Andrea Palladio, Architekt zwischen Renaissance und Barock, Benedikt Taschen Verlag, S. 6

Lebenslauf [1]

Andrea Palladio wurde 1508 unter dem Namen Andrea di Pietro della Gondola in Padua geboren. Im Alter von 13 geht er bei dem Architekten und Steinmetzen Bartolomeo Cavazza da Sossano in die Lehre, versucht jedoch nach Vicenza zu fliehen. Allerdings wird er wegen Vertragsbruches zur Rückkehr gezwungen.

Ein Jahr nach seiner Flucht tritt Andrea di Pietro der Maurer- und Steinmetzzunft in Vicenza bei und strebt eine handwerkliche Laufbahn an. 1530 versucht er eine eigene Werkstatt zu gründen, was jedoch scheitert.

Der Humanist Giangiorgio Trissino wurde 1538 auf ihn aufmerksam und erkannte sein Potential. Er machte den jungen Andrea di Pietro auf die Schriften Vitruvs aufmerksam und verlieh ihm den Namen Palladio, als Anlehnung an die griechische Göttin der Weisheit und Künste, Pallas Athene. 1540 wird Palladio die Berufsbezeichnung des Architekten verliehen.

Giangiorgio Trissino ermöglichte Palladio 1541 eine erste, gemeinsame Reise nach Rom. Dort konnte Palladio das gesamte Spektrum der antiken Baukunst und der erstklassigen Architektur näher kennen lernen und studieren. Danach zog es ihn jedoch noch mehrere Male in die Stadt der italienischen Antike.

In seinen Vierzigern ist Palladios architektonisches Schaffen erstmals nachweisbar. Er errichtet Villen in der gesamten Region Venetien und darf auch erstmals neben den berühmtesten Architekten seiner Zeit arbeiten. In seinem fünfzigsten Lebensjahr erreicht er den Höhepunkt seiner Laufbahn. Seine Bauten sind gefragt, sodass er bei dessen Errichtung seine Fantasie in alle Richtungen entfalten kann. Auch sein Ansehen bei seinen Mitmenschen nimmt stetig zu.

In seinem letzten Lebensjahr werden Palladio zwei große Aufgaben übergeben, denen er sich mit Begeisterung widmet. Zum einen ist dies die Planung eines Theaterbaues in Vicenza, zum anderen die Errichtung einer Familienkapelle in Form eines Zentralbaus für einen alten Freund in Maser.

Andrea Palladio verstarb 1580. Der Sterbeort ist ungewiss, wird jedoch meist in Vicenza oder Maser vermutet.

---

[1] Wundfram, Manfred (1999), Andrea Palladio, Architekt zwischen Renaissance und Barock, Benedikt Taschen Verlag, S. 6-9

Als Ergebnis seiner Romreisen veröffentlichte Palladio seine Schrift ‚L'Antichità di Roma‘, die Antiquitäten Roms, ein Stadtführer der antiken Bauwerke Roms, welcher über längere Zeit hinweg als das ausführlichste Werk über Roms Gebäude gesehen wurde. [1]

1570 veröffentlichte Palladio mit der Schrift ‚I quattro libri dell' architettura‘, die vier Bücher über die Architektur, eine Sammlung eigener Entwürfe und verschiedener Illustrationen antiker Architektur. Auch heute noch gehören diese vier Bücher zu den wichtigsten Schriften der Architekturtheorie. Sie sind eine präzise Zusammenfassung der humanistischen Ideale im Bereich der Baukunst der Renaissance und behandeln sowohl die Grundlagen der Baukunst, als auch die Errichtung von Tempeln, Basiliken, Plätzen Brücken, sowie viele andere Objekte der Architektur. Mit diesem Werk reihte sich Palladio in die Linie der bedeutenden Architekturtheoretiker wie Vitruv und Leon Battista Alberti ein. [2]

Die ‚Quattro libri‘ kritisieren mit ihren Bildern unterschiedliche Bauwerke der damaligen Zeit, die weit von den Beobachtungen Vitruvs und Albertis entfernt waren. Die Schrift fasst die damaligen Prinzipien der Ordnung und Symmetrie in Worte und macht sie somit den späteren Generationen zugänglich. So ist die ‚Quattro libri‘ insbesondere in Großbritannien und Nordamerika maßgebend für den Stil der Architektur. [3]

Andrea Palladios Leben und Werke kreierten schließlich einen eigenen Baustil. Der sogenannte Palladianismus bezeichnet einen durch den Klassizismus geprägten Baustil, der seinen Namen durch Palladio erhalten hat. Für den Palladianismus ist besonders die Errichtung antiker, tempelartiger Fassaden typisch. Die Gebäude werden betont antikisiert. Hauptsächlich wird er bei Kirchen und Repräsentationsbauten angewendet.

Ein weiteres auffälliges Merkmal des Palladianismus ist die Anwendung des Palladio-Motives, eine bogenförmige Öffnung in einer Mauer, die beidseitig von zwei schmalen Rechtecköffnungen flankiert wird.[4]

In Italien wurde der Palladianismus als Abkehr vom Manierismus und als klassizistischer Gegenstil zum Barock verstanden, in Frankreich löste er einen barocken Klassizismus aus und auch der Kolonialstil Amerikas stand unter dem starken Einfluss des Palladianismus. [1]

---

[1] http://www.britannica.com/EBchecked/topic/27843/Le-antichita-di-Roma
[2] http://www.marixverlag.de/eshop/Leseproben/00232.pdf
[3] http://www.digento.de/titel/100231.html
[4] Nerdinger, Winfried (2006): Perspektiven der Kunst, Oldenbourg, S. 495

La Rotonda[2]

„Kein Architekt des 16.Jahrhundert hat dem Altertum eine so feurige Hingebung bewiesen wie er, keiner auch die antiken Denkmäler so in ihrem tiefsten Wesen nach ergründet und dabei noch so frei produziert. Er beinahe allein hat sich nie an einen dekorativen Einzeleffekt gehalten, sondern ausschließlich von der Disposition und von dem Gefühl der Verhältnisse aus seinen Bauten organisiert. "[3]

Jacob Burckhardt (1818-1897), Schweizer Kulturhistoriker

Palladio bestand stets auf darauf, dass seine Gebäude die Werte der Renaissance vertraten. So lässt sich unzweifelhaft bereits an den Fassaden der Einfluss der Antike erkennen.

Unter seinen etwa 60 erbauten Villen ist das wohl bekannteste Gebäude die Villa La Rotonda, die bereits von Palladios Zeitgenossen große Bewunderung erfuhr. Die Bauzeit ist ungewiss und wird einerseits auf 1550 geschätzt, andererseits gibt es jedoch Fakten, die an dieser These zweifeln lassen. Giorgio Vasari, der wohl populärste Künstlerbiograph der Renaissance, erwähnt die Villa mit keinem Wort in seiner 1566 angefertigten Sammlung der Nachrichten im Gebiet Vicenza. Auch weitere Hinweise sprechen für eine Bauzeit in den Zeitraum von 1560 bis 1570. Auf jeden Fall steht jedoch fest, dass die Villa spätestens im Jahr 1569 zumindest teilweise bewohnbar war, womit es eines der späteren Werke Palladios ist.

La Rotonda steht südöstlich von Vicenza im Hügelgebiet des Monte Berico. Palladio versuchte einen möglichst flüssigen Übergang zwischen Hügel und Villa entstehen zu lassen, wodurch die Landschaft zu einem zentralen Teil des Bauwerkes wurde. Dabei versuchte er durch die Umgebung einen Kontrast zu entwickeln. Die Natur und die architektonisch durchdachte Form des Zentralbaus könnten gegensätzlicher nicht sein.

An allen Fassaden der Villa La Rotonda wurden Loggien erbaut, sodass der Bewohner sich an der Landschaft voll und ganz erfreuen kann. Zusätzlich wurde ein Garten für die Villa entworfen, der mit Brunnenanlagen, Labyrinthen und Skulpturen geschmückt wurde.

Auch ansonsten wurde die Seitenansicht gleichmäßig modelliert. So befinden sich auf allen vier Seiten Säulenportiken mit vorgelagerten Freitreppen, wodurch der quadratische Grundriss durch die Form eines griechischen Kreuzes erweitert wird.

[1] http://www.beyars.com/kunstlexikon/lexikon_6630.html

[2] Wundfram, Manfred (1999), Andrea Palladio, Architekt zwischen Renaissance und Barock, Benedikt Taschen Verlag, S. 186-201

http://www.andrea-palladio.de/bauten/villen/rotonda.htm

[3] Wundfram, Manfred (1999), Andrea Palladio, Architekt zwischen Renaissance und Barock, Benedikt Taschen Verlag, S. 240

Durch die Verbindungsgänge zwischen Loggien und Saal lässt sich der Grundriss in vier Teile spalten. Jedes dieser Teile besteht aus einem größeren und einem kleineren Raum. Die einzelnen Stockwerke lassen sich nur durch schmale Wendeltreppen wechseln.

Der Wandaufbau der La Rotonda lässt sich in drei Teile differenzieren: Der Sockel, das Hauptgeschoss und das Obergeschoss. Die Fenster im Hauptgeschoss wurden durch eine Einrahmung und einen Sockel hervorgehoben, während die Fenster im Obergeschoss als in die Wand geschnittene Löcher dargestellt werden.

Palladio folgte bei der Errichtung dieser Villa erneut geometrischen Grundsätzen. So folgte er beispielsweise streng den Richtlinien der Symmetrie. Auch entspricht die Größe eines der vier Innenteile der Fläche eine Loggia mit der Fläche der Treppe addiert.

Alles in allem wirkt die Villa La Rotonda auf den ersten Blick wie ein idealer Zentralbau. Auf den zweiten Blick jedoch stellt sich im inneren Saal nicht das Gefühl eines Zentrums ein. Der Blick wird zu den mit Licht erhellten Gängen gezogen, während das Zentrum dunkel bleibt.

4. Beantwortung der Leitfrage

Die Renaissance orientierte sich stark an der Antike. Malerei, Bildhauerei und Architektur stehen stark unter den Einflüssen der Antike. Jedoch war es nicht nur das Ziel der Renaissancekünstler die Antike erneut aufleben zu lassen, sondern sie noch zu übertreffen.

Die Künstler der Renaissance erforschten die Natur. Sie stellten eigene Thesen und Theorien auf und verließen sich nicht nur auf die Ansichten der Antike. Die Zentralperspektive wurde entdeckt, der Zentralbau wurde populär. Die Anatomie des Menschen wurde durch Beobachten und Sezieren von Leichen aufs Genauste erkundet, um möglichst realitätsgetreue Kunst zu erstellen.

Die Idee der Wiederbelebung der Antike war der Antrieb für die Menschen und eine Idee, an der sie sich festhalten und orientieren konnten. Doch viele Künstler entdeckten ihren eigenen Stil. So war beispielsweise Vitruv eine Zeit lang der grundlegendste Architekturtheoretiker, doch Leon Battista Alberti und Andrea Palladio stellten ihre eigenen Theorien auf. Die Renaissance brachte viel hervor. Ohne sie wäre unsere heutige Kunstentwicklung nicht möglich gewesen.

5. Quellen

Internetquellen:
- http://www.wissen-digital.de/Renaissance_(Bildende_Kunst)
- http://www.arthistoricum.net/tutorials/reader/renaissance/lektion-1/2-giorgio-vasari/seite-2
- http://www.ibiblio.org/wm/paint/glo/renaissance/
- http://www.learner.org/interactives/renaissance/middleages_sub.html
- http://www.artefax.de/kunsterziehung/renaissance.html
- http://www.planet-wissen.de/politik_geschichte/renaissance/renaissance/index.jsp
- http://www.sights-and-culture.com/Italy/Florenz-Santa-Maria-del-Fiore.html
- http://www.britannica.com/EBchecked/topic/27843/Le-antichita-di-Roma
- http://www.marixverlag.de/eshop/Leseproben/00232.pdf
- http://www.digento.de/titel/100231.html
- http://www.beyars.com/kunstlexikon/lexikon_6630.html
- http://www.andrea-palladio.de/bauten/villen/rotonda.htm

Literaturquellen:
- Von Brauchitsch, Boris (1999): Renaissance Schnellkurs, DuMont Buchverlag
- Nerdinger, Winfried (2006): Perspektiven der Kunst, Oldenbourg
- Kammerlohr, Otto (1997): Epochen der Kunst, Von der Frührenaissance zum Rokoko, Oldenbourg
- (2005): Duden, Basiswissen Schule: Kunst, DUDEN PAETEC Schulbuchverlag
- Wundfram, Manfred (1999), Andrea Palladio, Architekt zwischen Renaissance und Barock, Benedikt Taschen Verlag

Bildquellen:
- http://www.weltum.de/weltum/themen/illu/illu_renaissance.jpg
- http://www.detailx.de/uploads/fck/Giorgio_Vasari_Selbstportrat(1).jpg
- http://www.siglinde-fischer.de/blog/wp-content/uploads/florenz01.jpg
- http://www.xlyrics.de/images/up/000/835/956/Dante_Alighieri_14dante_original.jpg
- http://www.bergnews.com/service/petrarca-mont-ventoux/petrarca.jpg
- http://www.citatecelebre.eu/imgupl/author/t-600x600/giovanni-boccaccio--32--t-600x600-cc.jpg
- http://www.casa-vacanze-naxos.com/wp-content/gallery/italia/david_michelangelo.jpg
- http://www.in-nova-corpora.ch/ma_recherche/michelangelo/pieta.jpg
- http://3.bp.blogspot.com/-JTi40kk7fP8/TcLHWFYtPzI/AAAAAAAAB4A/sIdxHh0Nauc/s1600/Unbenannt.PNG
- http://www.florenceholidays.com/images/firenze-duomo-aereo.jpg
- http://www.areatuscany.com/wp-content/uploads/2010/12/Palazzo_Medici_Riccardi.jpg
- http://www.roma-antiqua.de/forum/galerie/data/501/0512_Petersdom_San_Pietro.JPG
- http://images.ookaboo.com/photo/s/PetersdomGrundriss_s.jpg
- http://www.oppisworld.de/zeit/leonardo/bilder/leo14.jpg
- http://upload.wikimedia.org/wikipedia/commons/thumb/7/73/Palladio.jpg/220px-Palladio.jpg
- http://baugeschichte.a.tu-berlin.de/owl/_lexikon/gross/palladio-motiv.jpg
- http://www.marvelbuilding.com/wp-content/uploads/2010/07/Villa-Capra-Front.jpg
- http://ville.inews.it/4rotomap.gif
- http://3.bp.blogspot.com/_U__g4JBy4Z0/SRN_NM8V2kI/AAAAAAAAAII/8utZUOwTJac/s400/PalladioRotondaPlan.jpg
- http://files.tradoria.de/05414dbbf6738f6430695ae08124c7a1/thumbs/300/c6/23275977_326485/michelangelo-die-erschaffung-adams.jpg
- http://www.milano24ore.de/image/sehenswuerdigkeiten/location/shapeimage_1.png